고마워요! 꽃언니

꽃수놓다

그림 색입히고

글 다듬고

글 다듬고 그림 색입히고 꽃 수놓다

고마워요! 꽃언니

인쇄 | 2018년 5월 15일
발행 | 2018년 5월 25일

글·그림 | 심윤진
펴낸이 | 김재련
펴낸곳 | 학마을B&M(출판등록 1996. 11. 14 제1-2106호)
디자인 | 임영묵 **마케팅** 김종훈 **제작** 송대규
주 소 | 서울시 마포구 동교로25길 14(동교동 200-19) 오비브B/D 401
전 화 | (02)324-2993~4 **팩 스** | (02)324-2904
E-mail | kookjeon@hanmail.net

정가 | 15,000원
ISBN 978-89-87576-01-5 (03650)

CIP제어번호 | CIP2018014368
이 도서의 국립중앙도서관 출판예정도서목록(CIP)은 서지정보유통지원시스템 홈페이지(http://seoji.nl.go.kr)와 국가자료공동목록시스템(http://www.nl.go.kr/kolisnet)에서 이용하실 수 있습니다.

고마워요! 꽃언니

글 다듬고
그림 색입히고
꽃 수놓다

학마을B&M

PART 2.
꽃언니 노래마당
나, 카수야?

PART 3.
톡톡 두드리며
보내요

PART 4.
꽃의 환희

고마워요! 꽃언니

작가의
글

'나는야 언제나 꽃언니'

I am 꽃언니.
국민학교(現 초등학교) 3학년 국군장병 아찌에게 보낸 위문편지 답장이 왔다. 오로지 나한테만. 선생님도 놀라고 나는 그 덕에 '글 좀 쓰는 아이'로 으쓱! 좀 사는 아버지는 Made in 일제 크레파스를 사주어 선생님도 빌려 쓰는 영광을 갖게 되고 그림 그리는 것도 좋아하게 되었다.

권력기관이라 무섭다 하는 곳에서 근무하다 큰 교통사고로 같이 갔던 두 동료를 잃고 나는 3개월 병원 신세. 이 사고로 지금까지도 '사고'. '죽음' 두 단어를 껴안고 눈 뜨고 저녁에 잠이 든다.
두 사람의 삶까지 내 몫으로 잘 살아내야 한다는 책임, 생각 못한 순간 죽음이 덮칠 수 있다는 불안감, 날마다 버거운 날이 되었다.
힘든 와중에 사내커플로 명품 짝꿍을 만났다.
온갖 투정 받으며 나를 키우는(?) 내 편 짝꿍은 내 생애 가장 큰 선물이고, 하고 싶은 것 해야 할 것 거리낌 없이 하도록 한편이 되어 주는 명품이다.

선생님.
꽃언니.
사모님.

성전 꽃 장식한다고 애칭이 된 꽃언니는 꽃 꽂으며, 그림을 그리고, 글을 쓰며, 아이들과 수업하고 가끔은 바느질을 하며 장애친구들과 놀고 노인대학 어르신들에게 즐거움 주며, 어려운 일이 있을 때는 두 손 모아 기도하면서 열심히 살아간다. 내 머리 속을 휘감으며 남아 있는 두 사람 몫까지…

어쩌다 만난 인연으로 애쓰며 책을 엮게 해주신 찡구 김재련 님. 평생 내 편이 되어 같은 길을 걷고 있는 환상의 짝꿍에게 큰절 올린다.

두 손 모은 처음부터 한결같은 나의 기도를 다시 드립니다.
"내 곁 내가 아는 모든 이들을 잘 살게 해주세요!" 라고.

아울러 책 발간의 가장 큰 의미는 먼 곳에 있는 꼬맹이들이 언제나 조국은 대한민국이고, 그곳에 제일 사랑하는 가족이 있고 있었다는걸 잊지 않게 해 주고 싶은 Grandfa, Grandma의 사랑 징표로 남겨주고자 입니다.

PART 1

날마다 좋을시(詩)구!

소박한 길

빠알간 울퉁한 벽돌로 만들어진
작은 계단 길
옆에 세워진 돌은 퉁명스럽고
돌 사이 작은 나무는 배시시 귀염둥이다.
들어서는 첫 계단에 보랏빛 버찌가
뎅그라니 떨구어져 계절을 인사하고
두 계단 내려서니
작은 나무 바시시 떨며 바람을 전한다.
네 계단 돌 틈새 꽃나무가
분홍 꽃잎 빼꼼히 곁눈질하면
어느 틈 하얀 나비
꿀 심부름 부지런하다.
흠칫 계단 끝자락 내려서는데
마주치는 이 없어
홀로 가는 작은 길.
행여 모퉁이에 그대가 있을 듯
도리어 매무새 다듬는
내가 외롭다.

오늘도 소박한 길에
가녀린 소망을 두고 돌아선다.

찻잔

보글 주전자에 물을 끓인다.
짙은 갈색 coffee 한 수저 담아본다.
하얀 설탕 양념처럼 살짝 뿌리고
모락! 김나는 뜨거운 물 붓고
예쁜 찻숟가락 찾아 젓는다.
— 동그라미 동그랗게
　당신과 내가
　겸손으로 살아가기를…
　두 손 모아봅니다.

기다림으로
잘 저은 茶 한 잔
탁자 위에 놓으니

사랑을 마십니다.

이웃

우연히 만난 인연으로
안부를 묻고 시간을 나누고 삶을 나눈다.
같이 걷는 길이 즐겁다.
같이 한 밥상이 정겹고
내려쬐는 햇살도 찬란해서
주고받는 수다도 아름답다.
차마
떨구어질까?
마음의 情,
부스러기조차 두 손으로 받는다.
길 옆 모퉁이 자리한 풀잎에게
한 웅큼 사랑을 던져놓고
우린 또 사랑 퍼즐을 맞추고 있다.

우리는

마주 하면 눈빛으로 이야기하고
두 손 잡으면 같은 곳을 향해 가고
사랑만큼 이야기하고
사랑만큼 기뻐하고
사랑으로 서로를 보듬고
마냥 행복해 하니

우리는 날마다
사랑을 주고받고
한숨의 거친 숨조차
사랑인 걸—

엽서 (나가수 노래 수업)

창 밖 빗줄기 요란하더니
잦아든 이슬비
빛바랜 엽서로
보랏빛 사연을 전해주네요.

한참을 망설이고 주춤거리다
행여 '안녕' 인사마저 놓치고
그대를 보낼까?
만지작 엽서를
향기로 보내는 연인.

가버린 연인을 추억으로
떠나간 연인을 그리움으로
오늘도
아픈 숨결로 기다리는 사연.

익숙지 않은 아주 작은 목소리로 배운 노래를 곱씹으며 불러본다.
슬로우, 반드시 뒷부분은 여리게…
원곡 가수도 의외인 듯한데
선생님은 옅은 바이올렛 색칠을 하며 불러주고
예쁘고도 외로운 노래는 아련하게 다가온다.
찌푸린 잿빛의 어느 가을날.
아직은 꽃잎 남아 그리움으로 이야기 하고픈 날.
토닥토닥 혼자 걸으면서 부르면 먼 길로 떠나간 내 사랑이 안개처럼
피어날 듯한 노래.
— 서툴게 누가 들을세라 조그맣게 웅얼거려본다.

어느 날

가슴 통통 털어 다 준 듯
세상이 고요한데
이 적막은 어떤 외로움일까?
흔적도 없이 숨소리조차 가지고 떠난 정든 이에게
나를 찾는다!
이 고요 속에서 잃어버린 나를 찾고
정든 이 숨결을 찾아본다.
흔적 없는 고요가
자꾸만 맴맴 돌고

내가 있었던가?
정든 이 있었던가?

꼬불꼬불

걸어갑니다.
좁고 꼬불꼬불한
골목길을 갑니다.
조만치 어디인지 잘 안 보입니다.
기웃대다 돌뿌리 채이고
기둥에 부딪칩니다.

꼬불꼬불
눈이 돌고 몸이 돌고
마음이 꼬불댑니다.
꼬불길 한참 돌아
곧은 길 넓은 길 찾아 나서니
저만치 남겨진 발자국이
삶의 그림자인 양 어지럽습니다.
인생이 꼬불거립니다.

세월 歲月

세월은 달리기 선수
얼마나 빠른지 따라갈 수 없는
달음질 선수.
눈 깜빡하니 하루가 가고
고개 반짝 들어보니 한 달이 저만치 갔네요.
어느새 여기까지 왔는지…
세월이 나를 데려왔는지…?
내가 세월에 떠밀며 온 건지…?
아리송
고개 흔들어 보지만
여전히 세월은
이만치 나를 남겨 놓고, 또
저만치 뛰어가고 있네요.
이젠 혼자 보내고픈 세월이
선물 꾸러미 한 웅큼 내미네요.
추억이라며…
기억이라며…
지나간 모든 것이 아름다운 것이라며

내게 내민
세월의 사랑이 야속해서
눈 흘겨봅니다.
— 서두르며 달려가지 말아주렴

Jene

그곳은 사랑이었기를

그대로 자유롭고
그대로 평등하고
모두가 있는 그곳에서
나를 만나고
그대들을 만나고,

세상이 헝클어지고
질퍽거리고 허우적거려도
그곳은
평안이고 기쁨이고 희망이고

내가 있고
그대가 있고
모두를 보듬는 품 안이 있고

그곳은
사랑이었기를

여정旅程

설레임으로
낯설음으로
여정을 챙겨 넣습니다.
이것도 저것도
이렇게 저렇게
많이도 집어넣습니다.
늘 여정은 그득한 짐으로 수다를 떱니다.
곁눈질 한번 못 주고 낑낑 짊어지고
우린 또 넘치게 주워 담습니다.

우리 인생人生 여행도 그럴까나요?
내 것도 아닌 나를 채우고
넘치는 삶의 짐은 버거워 자꾸 넘치고

버리고 떨구는 어느 날
내가 나를 잃고 있지는 않은지…?
온통
물음표 투성이 짐 가방.

나는 또
여정旅程을 꾸려 갑니다.

詩人의 알람 소리

- 찌릉 - 식탁 위 핸드폰이 먼저 깼네.
하루를 열고
우리를 깨우고
자신을 깨뜨리고 싶은 열정의 작가
알람을 울린다.

어제는 어떤 곳에서 어느 것으로
누구와 오색실 수놓았을까!
사랑의 청실홍실 엮었을까!

세상 모두 제 꼴대로 가고
세상 모든 것 자기 얼굴 내밀고 사는데…

오른쪽이 맞는지
왼쪽이 사랑인지
이것도 좋고 저것은 옳고

그래서 몽땅 사랑이고 자유인 것을
시인詩人은 제목을 짜내고
우리는 알람으로 받는다.

갸우뚱…??

아프니…

하루의 시작이 아픔으로 시작되니
공기조차 검은 잿빛으로 너풀댄다.

세월이 슬퍼서
가슴이 미어지는 듯
시간이 야속해서
마음이 먹먹해지는 듯

그 님이 같이 하신다는 사랑의 목소리가
봄날의 꽃잎처럼
우리의 삶 속에 뿌려지는 은총恩寵이
잊혀지고 또 되살려지는 어리석음,

톡 하고 들어오는 지인知人의 고운 인사가
감사의 기도로 들려오는 지금

삶은 역시 살 만합니다.

보이는 것들

보여서 소중한 것
보이지 않아도 소중한 것

보이니 내가 아니고
보이니 너도 아니고

그럼에도 보이지 않아
더욱 소중한 것
그래서 흠뻑 나를 버리고
그 가슴에 안기고 싶으리.
그래서 몽땅 던지고
그 손길에 웃고 싶으리.

보이지 않아 더 큰
당신의 사랑에
내 사랑을 보탭니다.

운동하면서

하나 두-울
한발 한발 조심스럽게
셋 넷
두발 세발 조금 더 힘차게
다섯 여-섯
빨리 더 빨리

내 소리가 커집니다.
내 몸이 자랍니다.
어느새 내 마음이 커져 갑니다.
게을러 뒹굴며 삐죽 내밀던
미련을
하나씩 하나씩 땀방울에
툭툭 떨궈냅니다.

- 어떤 것도 다 좋아요!
점점 가빠지는 숨결은
희망希望으로 뛰는 내일입니다.

오늘도
창 너머 햇살이 따사롭습니다.

쓰레기

버려야 한다 꼭 버려야 한다.
늘 버려진다.
그 누구도 가지려 하지 않고
곁에 두려 하지 않는다.
서둘러 버리고 떠나 버린다.
그들이 만들고 그들 삶 속에서 나왔건만
그들은 온통 더러워 하며 버리는데 급하다.
마땅치 않아서
너무 더러워서
쓸모가 없어서

행여 나의 삶 한 귀퉁이를
쓰레기로 던지고
지난 시간을 떨쳐내는데 서두르고 있지는 않은지…?

오늘
저만치 떨구고 온 시간의 조각을
다시 주워봐야겠다.
깨끗한 봉투 하나
준비하고.

여전히

어제인 듯 오늘을 열고
오늘인 듯 내일을 적는다.
날마다 가고 있는데
나는
늘 여기에 서있다.

하루를 눈 뜨고…
이틀을 걸어보고…
한 달을 뛰어보고…

여전히
여기 서있고
여전히 오늘이다.

시간의 쳇바퀴 돌리고 있었는가?
나는….

지금도 여기 서있네.

숨바꼭질

못 찾겠다! 꾀꼬리.
어디 어디 숨었나?
요기도 너가 있고
조기도 너가 보이고
나무 뒤 기둥 뒤 네 그림자
너를 감추네.
걸음을 서둘러 재촉하고
그림자인 듯
발자국인 듯
헤매고 다니는
나는 술래.

기억 記憶

세상은 넓어지고
지구는 작아졌단다.
사람은 많아지고
사랑은 적어졌단다.

달려오면서 떨구고 온
아름다운 것들
어드매서 잃었는지…?
어느 곳에 두고 왔는지…?

이제사
뒤돌아 기억나는 것
이제사
잃은 것
잊은 것
자꾸 기억되는 건
사랑이란다.
사랑이란다.

SAMSUNG

꽃

저마다의 자태로
저마다의 향기로
저마다의 색깔로
오롯이
아름다운 것으로 피어난다.
꽃은 꽃이어서 아름답다.
이름만으로도 아름답다.

그렇게 그렇게

기쁨으로 펄쩍 뛰고
즐거움으로 멀리 가고
사랑으로 깊어지고
감사로 살아내고
그렇게
눈이 예뻐지고
그렇게
가슴이 넓어지고
그렇게
삶이 아름다워지면
좋겠습니다.

jene

만우절萬愚節

마음이 곱고 가슴은 따뜻하고 진솔해서
만우절을 만들었나 보다.
쪼끄만 거짓말에 가슴이 콩콩
마음이 콩알 만해져
아마도 만우절을 지었나 보다.
네가 하는 농담이 나를 웃기고
내가 하는 헛말이 너를 꿈꾸게 하고
어쩌다 작은 꿈조차 내 것이 되는
오늘은 즐거운 만우절.
고운 마음들이 슬그머니 꿈도 주고
웃음도 나누고파…

나무 끝
단풍 한 잎

서둘러 마지막 인사 재촉하고
떨어진 낙엽
부서진 조각으로 이별 인사 서두르는데
기억 속 당신
언젠가 이별이었던지
아님 사랑이었던지
가을처럼 부서지고 있다.

여 화가의 전시장에서

전시장 그림이 아프다.
스스로를 늘 미완성이라며 자신을 버티고
살다간 여 화가의 긴 얼굴이 더 슬퍼 보이고
나는 캔버스를 검은 물감으로 범벅한다.
교회
어떤 일도 기도로 대신한다며
열정을 뿌려댔다.
아! 녹지 않는 물감을 몇 겹 뿌려대 듯
나를 얹히고 또 쏟아내었다.
늘 따라다니는 죽음이라는 사실을 망각하려고
주어진 일에 나를 걸었다.
무엇일까? 나는
잘하고 있었는가? 나는
내가 나에게 미안한 마음으로 우산을…
'아니다. 비 내리는 돌담길이 더 아파!'
그리고는 우산을 접는다.

사랑

그렇게 쉬운 곳에서
찾을 수 있고
볼 수 있고
만질 수 있다면
당신과 내가 이렇듯
상처로 꽁꽁 싸매고
절규로 지치지는 않았을 텐데
- 사랑을 찾아

문득

고달픈 인생인가? 했더니
초콜릿 같은 사랑이
내 목으로 넘어가고
추운 겨울 두터운 머플러로 감싸더니
어느새
꽃무늬 블라우스 봄날에 하늘거린다.
너가 나인 양 하나이더니
돌아본 그곳에 서있는 그림자가
서럽다 한다.

님

안개처럼 바시시 비가 내린다.
그 님의 그리움이 녹아내려와
온 세상을 적신다.
마음이 젖는다.
그리움이 젖는다.

뭐야

언젠가는 내가 없을 거란 엄청난 사실에 흠칫 놀라 멍해 오는 길…
잘 산다는 건 어떤 것이며, 잘 죽는다는 건 어떤 걸까?
하루하루 끝내는 시간이 너무 무서웁다.
모든 걸 놓아버리는 날 나는 어떤 모습일까?
어찌 이리 시간은 빨리도 흘러서
어떤 색깔도 칠하기에
머뭇거려지는 때가 되어 가고 있는 건지…
무엇이든 다 내가 하고픈 데 이리 아픈 건 또 뭐야?
재미를 주고픈 데 할 말이 없는 건 또 뭐여?
다 무시하고…
그래 뭐가 되기는 할는지

몹시 바람이 부는 저녁, 또 다른 상념[想念]에 모든 것이 낯설어진다.
눈이 오기 시작하더니 매서운 바람이 온통 흔들어대고 있다.

노래

노래는 이야기하는 것입니다.
노래는 듣는 것이 아니라
느끼는 것입니다.
마음으로 부르면 가슴으로 느끼는 것

그대가 아름다운 언어로
마음으로 토하면
나는 절절한 가슴으로
사랑을 삼킵니다.

그대가 부르고
내가 듣고
어느 날
내가 노래하고
그대 가슴 여는 날
우리라는 음표로 하모니를 이룰 겁니다.

버스

달려갑니다.
멈춰 섭니다.

근심 어린 아저씨
후다닥 내려갑니다.
나들이 빠알간 스웨터 아줌마
성큼 올라섭니다.

지나간 삶 훌쩍 떨구고
새로운 시간을 덥썩 태우고
버스는 부-릉 달려갑니다.

아픈 사랑 추억으로 접어
책갈피에 끼워놓고
꽃잎처럼 옷깃에 떨어진
내일의 사랑을 찾아 떠나갑니다.

떠나고
멈추고
다시 떠나는 어떤 날
지나간 기억이 저리게 아름다울 때
삶은
제자리에 앉을 겁니다.

버스는
다시 떠납니다.

봄 마중

봄이 내게 다니러온대요.
안개비 뽀얗게 뿌리며
봄 아가씨
내게 나들이 온대요.
달뜨는 설레임으로
꽃바람 담을 하얀 찻잔
준비해야겠어요.
창문 곁에 풍경 달고
제일 먼저
봄 마중해야겠어요.

타는 태양

이글 태양이 뜨겁고
송글 더운 땀 흐르고
지글 우주가 끓고 있네요
온 세상이 뜨겁게 타는 듯
붉은 계절

목이 긴 유리잔
ice coffee 한 잔에
타는 태양 이야기를 담아보렵니다.

손님

어느새
문턱에 와있는 가을 노크에
화들짝
창문을 엽니다.
높아진
파란 하늘
수놓으며 흐르는
하얀 구름
문득
노리끼리한 나뭇잎 하나에
눈짓을 보냅니다.

오늘은
길어진 소매 속으로
여름 추억을 살짝 가리고
창문 열어
가을 손님을 맞아야겠습니다.

가을이 오면

문득
가을이 왔어요.
파란 잎 서둘러
새 옷 준비하고
뜨거운 더위는 화들짝
길 떠날 차표 준비하고
그렇게
가을이 성큼
커다란 발소리 내며
창문 두드렸어요.

언제나 준비하지 못한 아쉬움을
시간 속에 묻고
이별하고 만남을 연습하는 우리는
또 하나의
여름 이별을 하고 엉거주춤 가을 창문을 엽니다.
늘 그랬듯이
당신이 그리워 자꾸만
뒤돌아서는 버릇으로
나는
아파하려나 봅니다.
이 가을이 오면

꽃샘바람

봄이 예뻐 시샘하나?
꽃이 고와 시샘하나?
문턱에 걸터앉아
겨울은 떼 부리고
반쯤 열려진 문 사이로
봄은 자꾸 기웃거리네.
저기서
빼꼼히 바라보던 새싹이
어리둥절~~
꽃샘바람 심술에
살짜쿵 숨어 버리네.

비 오고요

봄비인 듯
겨울 눈물인 듯
밤새 촉촉해진 아침 창가
햇살이 밝다.
떠날 채비에 바쁜 겨울은
슬쩍 자리 비껴내고
이별 아닌 이별을 꺼내본다.
다시 오는 그날도
여전히 찬바람 손잡고 오련만…
이젠
역시 헤어지는 쓸쓸함이다.

오고가고
또 다시
떠나고 만나고
계절은 동그란 원을 그리며
우리 곁을 맴돈다.
사랑이 그러하듯이
내 마음이 그러하듯이

흐린 오후

여전히 사랑은 지루한 기다림이고,
진저리나도록 아픔 속을 헤매는,
그러나 어쩔 수 없는 설레임으로
그리움의 터널을 지나야 하나 보다.
토톡하며 떨어진 가을비 재촉에
햇님 슬그머니 숨어 버린
한낮의 흐릿한 하늘
— 수없는 거짓말에 그 많은 그리움을 남기고
어이없는 거짓말에 흩어져 버린 마음인 양
창밖은 회색빛
또 다시 와있는 사랑이 아직도 거짓인 듯 아픈데,
얄궂은 마음은 사랑이라고…
머물고 있다고…
문득
지나간 노래수업에서의 노랫말을
허공에 던져봅니다.
아파도 아파도
그리고 거짓말 또 거짓말로 추억을 흩트려도,
여전히
창밖 흐릿한 하늘은
사랑으로 색칠합니다.

꽃눈

아직은 찬바람 옷깃을 여미게 하고
손 장갑 알뜰히 찾으며 길을 나서는데
언뜻
길가 키다리나무 뾰족한 꽃눈이 통통합니다.
언제라도 따뜻한 바람 불어오고
따스한 햇살 만나면
후다닥 인사하며 튀어나오려고
'레디 고' 준비하나 봅니다.
나무 손길 담뿍 받은 꽃눈이
동그랗게 눈 뜨고 인사하는 날
언제일까?

한껏 웅크렸던 가슴 펴고
손에 낀 장갑 벗으며
나무에게 찡긋
웃음 건네 봅니다.
— 알았어! 꽃은 필거야

경칩 驚蟄

밤새 봄비로 첫 나들이 하더니
이제
개골 개구리 튀어나오고
늘어진 버드나무는
연둣빛 안개비를 뿌리며 다니러 오겠네.

자꾸 되돌아 머물고 싶은 세월인데
쑥쑥 밀고 가는 시간은
또
계절을 툭 툭 떨구며 달려오네.

그래도
꽃 잔치 봄나들이는 서둘러야 하려나 봄세.

…창밖을 보며

그림 작업 마무리하며
올드 팝 즐기고 있어요.
머물러 있을까?
그래도 시간은
저만치 손 흔들고
우리의 생각은
터질 듯 붉어진 홍시처럼
농익어 갑니다.
그리하여 가슴이 시려오나 봅니다.
희뿌연 갈색의 창밖!
우두컨한 나무가
소리 없이 들려주는 생명의 노래는
여전히
우리의 삶인 것을
…
아무도 오르지 않는
창밖 계단이 호젓합니다.

Canvas Garden(캔버스의 정원)

거실 한 귀퉁이 커다란 캔버스
보랏빛 둥근 얼굴이 동그란 눈 크게 뜨고
나를 보고 있고
붉은 색 포피는 야시시 하늘거리며
춤추고
하이얀 얼굴 쪼끄만 들꽃은 배시시 웃으며
나와 눈 맞춘다.
넓고 푸른 잎 한껏 꽃밭을 어우르며
꽃들을 보듬는 듯
두 팔을 벌리고 있다.
나의 정원은 아직도 채워지지 않은
색깔들을,
못다 핀 꽃들을 기다리며
저곳에 서서 화려한 꿈이 채워지길 기다리고
나의 정원 다듬기는 게으름으로 시간을 늘려가고 있다.

언제일까?
어느 때일까?
어떤 것일까?

튜브 물감 꾹 짜놓고
나의 정원은 캔버스 위에서 늘 화려하다.

설날

새해는
언제나
사랑이다.

새해는
언제나
희망이다.

너에게
나에게
나눠 주고 또 나눠 받고

새해는
같이 해서 축복이고
함께해서 풍요롭다.

365일 매일 나누는 새해
오늘도
새해입니다.

손잡고

같은 시간을 서로 다른 생각과 언어를 안고
달려온 길
이제 세월에게 던져주고
나는 새 길을 떠납니다.
정결하게 단장한 이야기 보따리를 가슴에 안고

지나가는 시간은
추억 앨범으로 남겨놓으며
또 다시
길을 떠납니다.
넘치게 주신
당신의 눈길 손길
여전히 갈망하며
나는 또 숙명처럼 길을 떠납니다.

버릴 수 없는
나의 삶과 함께.

눈인사

이젠 한 해를 마무리하는 시간
12月 겨울을 마중하면서
당신께 눈인사 보냅니다.
모아둔 그리움의 편지
부르지 못한 사랑의 노래를
함께 꼬옥 되짚어
바쁘게 보내야 하겠습니다.
늘 머물러 있는 당신이길 바라면서
나는 서둘러야 하는가 봅니다.
— 12월이랍니다 —

어릴 적

까치까치 설날은 어저께구요.
우리우리 설날은 오늘이래요.
기다리던 어제는 까치와 설레고
콩닥콩닥 오늘은 동무와 즐겁고
둥근 달 닮은 만두
비스듬한 하얀 떡국
한가득 낯선 명절 상

길이도 길어요
소매도 삐죽
알록달록 색동 한복
엉성히 고름 매고
어색한 몸짓
설레는 미소

그러나 가슴은 바다보다 넓은
넘치는 즐거움일레라.

Canvas 작업作業 I

하는 일에 푹 빠져
내가 누군지…?
네가 어디 있는지…?
캔버스가 우주이고
범벅된 파렛트는 풀숲이 되어
들꽃을 피우고 꽃망울을 틔우며
고운 빛을 쏟아낸다.

무엇이 있더냐?

슬픔 기쁨
절망 희망
고마움 놀라움
헝클어지고 뒤범벅된 세상에
아름다운 빨간 꽃으로
맑디맑은 초록 잎으로
희망의 파란 하늘로 피어난다.
빠알간 사랑의 꽃봉우리가
올망졸망 열리고

나는 무엇을 하고
너는 어디에 있었는가?

아름다운 세상이 여기 있었는걸.

카톡에

이쁜 색
그림 글을 톡에 띄워 날리는 건
들려오고 보이는
힘들고 어지럽고 어려운 우리의 하루 시간 속에서
잠깐
쉼표 찍으며 쉬어가시라고…
세상은 아름다운 것이 더 많고
우리도
그 안에서 충분히 아름답게 삶을 걷고 있다고
서로에게 말해주고 싶은 마음으로 올립니다.
누가?
잘했는지? 못했는지?
알지도 기억하지도 말고
그냥 스쳐 지나는 쉼표로 숨쉬고,
잠깐은 미소로 자신을 다독여보자고,
그래서…

오늘도 심하게 아픈 분을 방문하고
세상이 고마워서
세상이 아파서
고운 색을 띄웁니다.

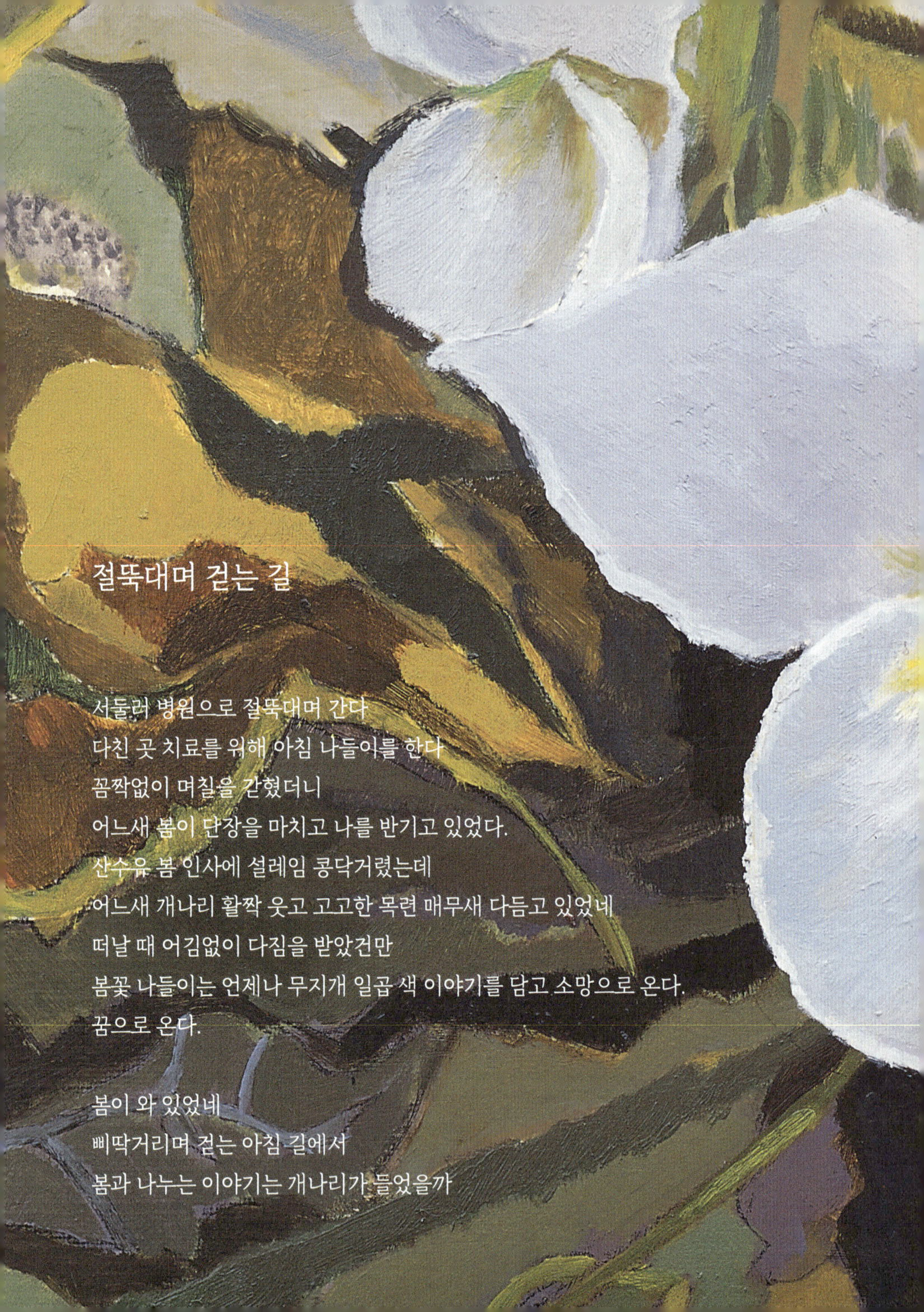

절뚝대며 걷는 길

서둘러 병원으로 절뚝대며 간다
다친 곳 치료를 위해 아침 나들이를 한다
꼼짝없이 며칠을 갇혔더니
어느새 봄이 단장을 마치고 나를 반기고 있었다.
산수유 봄 인사에 설레임 콩닥거렸는데
어느새 개나리 활짝 웃고 고고한 목련 매무새 다듬고 있었네
떠날 때 어김없이 다짐을 받았건만
봄꽃 나들이는 언제나 무지개 일곱 색 이야기를 담고 소망으로 온다.
꿈으로 온다.

봄이 와 있었네
삐딱거리며 걷는 아침 길에서
봄과 나누는 이야기는 개나리가 들었을까

일 년의 끄트머리

따스한 봄 향기 달콤한 사연으로 전해오고
푸른 태양의 열정
거친 숨결로 다가오고
떨구어진 낙엽의 사연은
추억으로 접어놓은
어느 가을 날!
그리움은 그리운 대로 남겨두고 하이얀 겨울로 여행을 떠나봅니다.
세월은 인사도 남기지 않고 바람처럼 스쳐 지나가고
우리의 이야기는
행복의 선물로 책상 위에 남겨져 있습니다.
— 이제 다시 새롭게 넘겨야 할 노트에 우리 사랑 이야기는
어떻게 엮어질런지…
떨리는 손끝으로 연필을 준비해 봅니다.

우리가 아직 살아서 나누는 인사가
새롭게
기도로 다가오는 새해입니다.

애쓰셨습니다.
고맙습니다.

더워 더워

더워, 더워 또 더워
그렇게 지나간 7월의 여름은 떠나가고
8월의 끝자락
매미의 여름 합창이 연일 공연되고
알알이 포도송이 영글고
아마도
막내둥이 여름은
지금부터 떠날 것을 준비하고 한껏 투정을 부리려나!
익어가는 여름
우리도 영글어가는 삶의 시간이기를 노래해 봅니다.

Canvas 작업作業 II

흰색 물감 푹
빨간 물감 푹
분홍을 만들어 붓으로 찍는다.
역시 분홍 꽃송이는
살풋 아가씨 수줍음이다.
꽃송이 피우는 내 마음도
살짝 희미한 옛사랑의 그림자다.
흘러나오는 마이클 잭슨의 Billie Jene
문 워크를 떠올리며 에스프레소 작은 잔을 추억한다.
졸졸 개울물 같은 시간에
나의 가슴은 온 우주를 떠돌며 여행을 한다.

그대와

붓 놓고 잠깐 누워 톡 두드리는데
여보시게
나도 한 잔
달콤한 커피 한 잔에
당신의 이야기를 조각조각 떨구어
마주한 그대 눈동자에 방울방울 맺혀주면
그 이쁜 사랑 전설처럼 엮어져
우리의 삶
어느 한 모퉁이 기다림으로 남겨질 것을

어디든, 누구든

모두가 피하고 손가락질하고…
진흙탕 모진
어떤 곳에도 오시는 그 분

하물며
내가 힘들고, 외롭고, 아플 때
꼭
함께 하시고
같이 하셔서 위로하고
꼬옥 품에 안아주시고
내게
평안의 삶을 알게 하시는 그 분

어떤 어려운 곳이든
어떤 진흙탕 삶이든
그 분은
문을 열고 오십니다.

— 사랑한다.

아프대

반가워요!
오늘도 인사하고 앉은 탁자 위 커피 대신
따끈한 레몬 티.
못 마시는 커피향이
연인의 그리움처럼 퍼져오고
바쁘게 이어지는 일 이야기.
뭐가 그리 바빠서??

일어나면 어딘가 아파요.
어디가 아플까? 걱정해요.
그리고 또 아파요.

아! 세상이 아프구나.
삶이 아픈 세상
마음이 쪼그라들고
눈이 어지럽고
가슴은 답답하고

찡구의 고통이 찻집 창문을 넘어
마구 퍼져가는 오후
우리는 다 아파오네
우리 모두 환자인 걸
어디에서 치료 받을까!

그럼 그렇지

그럼 그렇지
땡땡이 티셔츠 산수유
너는 노랑 티 개나리
저 아이는 연하디 연한 연두치마 버드나무
야! 반가워
고고한 새침때기 하얀 드레스 목련
그래! 너는 인기몰이 아이돌 벚꽃
어김없이 다 뛰어왔네
좀 늦으려나?
분홍저고리 진달래는….
봄이 정성으로
초대장 마련하고
파티장 예약하더니
그럼 그렇지
어김없는 약속
한 번도 잊지 않고 이렇게
봄 파티는 춤추고 노래하고

꼬맹이들에게

예쁜 종이
색깔 봉투
요리조리 고개 갸우뚱하며
찾아낸 이야기
또박또박 읽기도 편한 글자로 써내려간다.
- 잘 있니?
건강하니?
보고 싶어!

찔끔 눈가도 적셔가며 한 장
슬쩍 미소도 지어가며 두 장

멀리서도 너희를 본단다
가까이인 듯 수다도 떨어본단다.

이런 듯 저런 듯 너를 쓰고
나를 적어보고
사랑을 접어 우체통에 담는다.

- 서둘러 답장 전해 주렴.

PART 2

꽃언니 노래마당 / 나, 카수야?

가수 되려나?

어느새 1년의 끝자락에 서서 세월의 흐름을 바라봅니다.
우린 아직 멈춰 있고 봄인 듯 여름인 듯 엉거주춤한데
오늘도 바람은 옷깃을 여미도록
차가운 겨울.
계절의 끝에 서있고
남겨진 달력도 달랑 1장
살짝 세월에 덮여지는 이끼가 우리의 인생에도 덮여지누나!
기~인 한숨을 쉬어 본다.

우연히 찡구 따라 들어선 나가수 마당에서 금요일이면 얼쑤 어깨를
들먹이고,
오~예!
몸을 흔들며 노래를 한다.
빨간 자켓 걸치고 온갖 모션으로 노래의 맛을 풍겨 전하려고 애쓰는 선생님.
이렇게도 저렇게도 같이 움직이며 비스므레 따르려 안간힘 쓰는 무대가

두려운 카수님들.
서로의 말소리.
서로의 노래 소리.
몸짓, 눈짓 하나도 열심히 전하고 열정으로 담아내는
나가수 한마당.
모두는 아름다운 삶의 수를 한땀한땀 꾸미고 있다.

'공짜(강진 노래)'
우리가 받은 은총의 삶
우리가 가꾸는 훌륭한 인생의 시간
그 시간을 엮어가는 우리들의 사랑
꽃도 바람도 나르는 저 새도 우린 공짜로 받은 은총의 선물

-오늘도 저무는 회색의 저녁 빛이 저렇듯 멋지니…
열창하던 노래가 공짜로 흥얼 되새겨진다.

노래마당에 퐁당 빠진 날

개구리 폴짝!
-마중하듯 따뜻한 봄 날씨가 오늘도 우리를 흥겹게 맞는다.
이제는 제법 내 눈에도 낯익은 아마추어 카수들이 자리했다.
-블랙데이? 오늘 선생님의 까만 버버리 패션은 웬 연유일까?

빽[白]구두에 포마드 바람둥이 넋두리는 '오늘은 정자? 내일은 경자?'
한껏 선생님은 몸 개그를 부추기고 우린 한바탕 웃어 제낀다.
이젠 여유로 가사를 음미하며 상상의 나래까지 펴다니…
복습 노래 요것조것 챙기고 오늘 수업 제목은 '화양연화花樣年華
(이태종 노래)'
아! 몇 년 전 보았던 영화의 제목과 같은 곡.
-주인공 남자배우 양조위梁朝偉의 우수 짙은 커다란 눈에 흠뻑 젖고,
여배우 장만옥張曼玉의 패션이 두드러지게 멋졌던 영화.
스치듯 짙은 사랑을 나누는 두 연인이 어두운 화면에 가득해서 숨죽이며
보았던 추억의 영화를 기억하며 난 열심히 불러댔다.

-생애 가장 아름다웠던 시간- 아마도 가장 행복했던 시간이었음을 이야기하는 것일 게다.
노래는 또 저리게 서글픈 사랑이 그려져 있다.
떠나야 하고 보내야하기에 더 애틋한 연인들.
주인공 양조위의 눈빛이 계속 오버 랩 되며 난 사랑비에 흠뻑 젖은 시간이 된다.

"노래하는 건 힘든 일인가 봐요?" 옆 친구가 계속 떡 먹으며 속삭인다.
"부르는 것도 느끼는 것도 모두 힘든? 그런데 즐거움을 주네요. 뭐 우린 가수도 아닌데 이 시간을 알뜰히 멋지게 즐기면 되는 것 아닌가요?"
나가수 마당에 나를 퐁당 빠뜨리는 날!
나는 멋진 가수가 되어 있지 않을까?
돌아오는 길, 피식 입가가 근질거린다.

꽃잎만큼의

온통 세상이 꽃물 들고 우리네 마음도 분홍 꽃물 흩뿌려진 4월의 첫날.
살랑 바람에도 꽃비는 내리고, 겸허한 아름다움으로 눈부시게 서있는
목련 사이로 행복의 걸음을 세며 간다.
이미 들려오는 노랫소리는 여전한 우리의 기쁨으로 다가오고, 서로는
아름다운 꽃이 되는 시간.
다소곳한 차 한 잔에 맛난 과자 한 조각 입에 무니, '요건 또 무슨 달콤한
사연의 간식인가?'
우리는 또 그렇게 나누고 힘을 얻어 공부 시작이다.
'슬픈 사랑을 간직한 채…. 내 사랑을 간직하고 살아가는 옛 친구가
있을까?' 문득 지난날의 시간을 더듬어 보며 또 하나의 아픈 사랑
이야기를 부른다.
강한 비트가 차라리, 긴 세월 고여 있던 슬픔과 목마름을 쏟아내는 듯
애처롭고 아픔으로 다가오는 노래다.
기다렸던 내일의 연인은, 내내 알 듯 모를 듯한 웃음을 지으며,
슬픔을 던지지 않으려나!
'아마도 가수는 그렇게 해석하고 노래를 했는가?'
가수 박강성을 대신한 홍강성 선생님의 열창은 가슴을 후벼 파는 듯 퍼졌다.
내게는 생소한 두세 곡의 노래를 선생님은 온몸으로 불러제끼고
우리는 아픈 사랑의 시를 가슴에 담는다.

노래는 꽃잎만큼의 행복을 선물하고, 우리는 꽃이 되는 봄날이다.
돌아오는 길
다 크지 못한 앉은뱅이 민들레가 소박한 노래로 하늘을 담는다.
가슴을 활짝 열고 '내일을 기다려(박강성 노래)'

백만 송이 장미

모처럼의 나들이는 뜨거운 태양과의 싸움이듯 초여름 더위를 들이댄다.
여전히 어설픈 문.
슬며시 손잡이를 밀어본다.
노래교실 홍 선생님의 트레이드 마크, 까만 선글라스.
오늘은 나도 쓰고 왔는데….
배운 노래 복습하는데 에구머니! 나는 몰라? 몰라?
백만 송이 장미 -이렇게 귀한 시구詩句로 불려진 노래라니!
너무 놀라고 가슴이 먹먹해 지는 걸! 거듭 가사를 되뇌여 본다.
-사랑을 주고오라고
-진실한 사랑을 할 때
-아낌없이 주기만 할 때
피어나는 꽃송이.
문득 '나는 얼마만큼의 꽃송이를 피웠을까? 또 얼마만큼의 꽃봉우리를
피우고 저 별로 돌아갈까?
꽃송이를 피우며 사랑의 길을 걸어오기는 한 것일까?'
더듬더듬 나를 돌아보며 아주 작은 목소리로 노래를 따라부른다.

'비틀거리며 미워하는…' 더 작은 목소리로 노래를 부른다.
노래가 나를 때리는 듯 움찔거리며 더 더 작은 목소리로 나는 소리낸다.
감사함을 알게 한 노래! 백만 송이 장미!
전 시간 수업이었던 것을 오늘에사, 부르며 감동한다.
뒤늦은 오늘의 수업 '흔들린 우정(홍경민 노래)'. 멋진 남자가 가르마 머리 치켜 올리며 투정하는 듯한 노래.
유난히 빠르고, 넘치게 많은 가사, 선생님은 또 멋들어지게 불러제낀다.
미친 듯이….
자신의 작품을 미친 듯 만들어내는 예술인. 아마도 연습하고 또 연습했으리라. 내가 처음 작품의 제목을 연습, -프랙티스practice-라 붙였던 기억이 새롭다. 늘 완성 시키지 못한 듯 붓질하고 또 하고….
학생 카수들은 조금 버거운 듯? 그래도 열심히 부르고 또 부른다.
노래를 배우러 가서 오늘은 삶을 다듬고 돌아오는 길이었다.
자기 일에 열정인 사람은 아름답다. 열정이 피워낸 꽃송이는 향기롭다.
백만 송이 사랑 다발을 예쁜 리본으로 장식하는 나의 삶이길 기원해 본다.

바람 부는 오후

아직 가을에게 내 노래 들려주지도 못했는데 한발 두발 걷는 발걸음에 떨구어진 마른 잎 보며 어색한 인사 던져봅니다.
타박타박 가을 잎 따라 나가수 노래판에 들어가니 카수들의 모습은 소박하게 모여 있고 선생님의 잡다한 소식은 깨알 같은 재미를 떨구어 냅니다.

오늘도 사랑은 '거짓말(조항조 노래)' 투성이로 상처를 주고 절망처럼 떠나지만 아직도 남아 있는 사랑의 추억으로 행복을 비는 아름다운 시어詩語는 우리에게 꿈을 주며 다가옵니다.
노래는 달콤 쌉싸름한 사랑 때문에 태어나
콩닥! 가슴을 뛰게도

방울! 눈물을 떨구게도
펄쩍! 뛸 듯 기쁨을 주기도 하나봅니다.
온갖 모양새의 사랑을 나가수 카수들은 연인을 추억하듯, 멋을 입혀가며
노래하고, 선생님은 애써 스토리를 만들어내는 뮤지컬 무대입니다.
- 슬프고 가난한 사람들에게 네 가슴 열어주렴!
'바람부는 세상(성민호 노래)'
우리가 노래를 부르고 사랑을 읊어대는 궁극의 이야기인 듯….
새삼 스스로 다짐하며 돌아오는 길.
달콤한 핫 초코 한 잔을 탁자 위에 얹어보았습니다.
- 가을바람 부는 오후에….

추억

파란 하늘이 노래로 퍼지고 한낮의 쨍쨍한 햇살은 풍성한 가을 선물이란다.
우린 조촐하게 모여 한껏 계절을 만나본다.
그리고 읊어대는 노래하는 시인들.
'추억(허송 노래)'
그대와의 헤어짐도 내게는 아름답게 색칠되어 바람으로 남아 있고…
매일은 내일처럼 꿈으로 기다리고 기다리는 애꿎은 사랑!
짙은 커피 탁자 위에 얹고 손가락으로 그려보는 그림은 아직도 추억의 사랑 밑그림이다.
당신이어서 사랑할 수 있었던 나는 지금도 잃어버리지 않은 '나'일까?
지나간 시간은 물음표로 남고….
끈적한 느낌으로 선생님의 입술은 일그러지고 오버되니 목소리는 떠나버린 연인처럼 적적하다.
- 외로워서 어떡해요? -
애써 보내는 인사를 길게, 아주 길게, 정말 길게…. 선생님은 장난처럼 연인을 보내주었고, 우리도 가을 추억을 되씹으며 곱게 연인을 보내고 있었다.

행복은 self란다.
오늘도 나가수 교실의 행복은 넘치고 넘쳐서 세상을 밝히고 있는 듯.
아름다운 추억을 만지작거리며 끝내고 있다.

요! 요! 요!

호젓한 언덕길 노오란 낙엽이 뒹군다.
이 길 끝자락에 외로움이 다소곳 기다릴 듯하여 툭툭 낙엽을 흩트리며 걷는다.
새로운 생명을 잉태하기 위해 낙엽을 떨구는 나무. 또 다른 만남을 선물하기 위해 나무와 이별하는 낙엽.
문득 나의 삶은 어떤 색으로 붓질하며 살고 있을까? 궁금해진다.

'얼쑤(윙크 노래)'
온통 세상이 얼쑤~ 덩실~ 춤꾼으로 신명났으면 좋겠네!
어수선한 요즈음이 스쳐가며 얼쑤!
신나게, 선생님은 귀엽게? 아주 귀엽게! 풀어준다.
"저기 당신이 보여요. 설레며 당신을 기다린 우리네 삶이요! 요! 요! 거기 그렇게 있었네. 요! 요! 요!
가사? 삶의 시? 곱씹으니 우리의 삶이 거기 있었네.
하루는 또 다른 이야기를 내게 던지고 고마운 세상으로 마무리한다.
돌아오는 길, 주워든 낙엽에게 한마디 건넨다.
'세상은 얼마나 아름다운가. 너 때문에 더욱 아름다운 것을….'
이 길 끝자락에 기다리는 외로움에게 걸음을 재촉한다.

가을노래

가을비 우산 속.
속눈썹에 맺힌 빗방울!
상큼 가을을 떨구고 계절은 가슴에 기다림을 두고 갑니다.
계절은 솜사탕 같은 꿈을 맺혀 주고 더없이 예쁜 색으로 물들이고.

노래교실 나들이 합니다.
어쩌나! 가을 노래가 바구니에 듬뿍 담겨져 있을 듯 쿵쾅쿵쾅 수줍은 걸음을 내딛어 봅니다.
역시나 '가을비 우산 속(최헌 노래)', '가을사랑(신계행 노래)'이 '그리움으로 쌓이고(여진 노래)' 우린 가질 수 없는 먼 날 추억 속의 너를 되뇌이 듯 쓸쓸히 불렀습니다.
추억이 있고 인생이 있는 노래를 듣고 부르고.
오우! 가을을 예쁜 색깔로 색칠도 해봅니다.
열정의 선생님은 행복한 시간을 기원하며 요래조래 가을 여인들을 노크하시고, 우린 작은 바구니에 부지런히 주워 담습니다. 늘 서툰 듯한 무대를 다듬으며 모인 카수님들!
난 또 불러보지 못한 낯설은 노래를 가을 부끄러움에 담아 살며시 짊어 갑니다.
- 사랑의 다른 이름은 아픔이라고, 그래도 단풍으로 물든 가을은 예쁜 사랑으로 다가옵니다.

지나간 시간

카수들의 금요 축제는 노래가 좋아 가슴으로 노래꽃을 피우며 기쁨으로 이야기를 만들어 낸다.

꽃으로 화려했던 지난 시간을 추억으로 보내는 낙엽 길은 어느새 이별처럼 아픔이고, 세월의 흐름을 애써 외면하는 우린 또 다시 불어오는 바람에 아주 쪼끄만 소망을 전해 본다.
- 지나간 시간들을 돌이킬 수 없을까? -
오늘의 나가수는 한바탕 우리를 허무 속으로 떨구어놓고 인생을 노래하고 있다. 아는 듯 모르는 듯 그렇게 흘려보낸 시간.
다 자라지 못해 어리석었던 청춘의 시간.
사랑을 외우지 못해 허덕이었던 어느 날의 우리 삶.

날마다 받은 '하루' 라는 선물 보따리를 매듭만 만지작거리며 활짝 펼치지 못했던 지난 기억을 이제사 어쩔까나요?
아까운 나의 인생!
노래는 부탁하고 있다. - 시간아 멈추어다오 - '인생은(왕소연 노래)'
앞으로 살아갈 모든 날에 순한 마음으로 작은 꽃 피우며 겸허한 기도로 두 손 모을 수 있기를, 나는 또 나를 위로하며 부탁해 본다.

내 몸에 흩어지는 낙엽.
탁자 위 커피가 유난히 고독해지는 오후였습니다.

겨울비

복주머니 만두 곁들인 떡국 먹고, 반갑지 않은 나이 손님은 저만치 떼어 버리고 보슬비 내리는 겨울비 맞으며 노래 한마당 들어서네.
보라색 섞은 듯 잿빛의 겨울날은 촉촉한 비를 흩뿌리고 우리의 교실엔 김현식 노래로 우산을 펼쳤네.
- 짙은 향기의 커피, 초콜릿 크림 듬뿍 얹은 케이크 한 조각 -
어쩌면 행복한 슬픔이 멋져지는 날인 듯 선생님의 감성도 한껏 겨울비를 재촉한다. 악보에 그려진 아픈 사랑이 못내 이해 안 되는 듯, 갸우뚱하던 옆 친구의 가슴에도 겨울비 사랑이 살풋 적셔진 듯….
선생님께선 오늘도 선곡부터 가르침까지 벅찬 듯 설렌 듯 흠뻑 감성을 드러내고 우리에게도 요구했다.

- * 살아줘* 부르지 않아도 좋을 만큼의 간절한 묵음으로 불러야 해요. -
지독한 사랑의 아픔이 더 아름다운 노래를 만들고 시를 엮어내 우리 가슴을 저리게 한다.

'Love♡(윤형석 노래)'

우리의 사랑 노래는 겨울비처럼 속삭이듯 전해졌다. -행복하게 살아줘-

빈 의자 없이 꽉찬 의자를 바램하며 우린 또 되뇌인다.

- 사랑해 사랑해 너를 너무 사랑해.

살아있냐?

금요일 아침은 쿵쾅쿵쾅 구르는 내 발소리에 내가 더 바쁘다.
만나는 이에게 불편을 덜어야 하고 먼저 와 계신 teacher. 그리고 카수님들에게도 늦장을 안 보이려고 애쓴다. 그러면서 오늘도 늦장이로 들어서는 교실….
오밀조밀 앉은 의자 옆 빈자리가 유난히 쓸쓸한 시월의 끝자락.
의식처럼 노래는 시작되고 열심인 선생님은 빠알간 운동화 통통 튀며 이리저리 음표를 뛰고 있다.
차츰, 달콤한 솜사탕을 뭉치고 달콤한 설탕의 유혹을 혀끝으로 담아내 듯 온몸으로 열정을 뭉치고 온 마음으로 열기를 담아낸다. 그들이 그리는 멋진 삶을 열창하며 세상을 흔들어 덩실 춤추게 한다.
'밥을 한번 살까(선경 노래)'
제목도 신나게 한바탕 어깨 들썩거리며 부르는 노래에 한쪽 가슴이 흠칫? 기억으로 놀란다.

"살아 있냐? 동수야?" 언젠가 그렇게 안부를 묻게 될 때 나는 메아리처럼 대답을 보낼 수 있을까? 그래도 노래는 만나자 꼬드기고 '밥 살게' 윙크한다. "어" ♡ 대답하는 친구와 오늘은 '꼭…' 밥 먹자 슬그머니 손가락 깍지 걸며 힘 있게 불러본, 오늘 공부도 "참 잘했어요"

'내 사랑 내 곁에(김현식 노래)'

선생님 열창에 가사를 곱씹으니 가을 수렁으로 빠지는 듯 괜시리 가슴이 시리다. 선생님의 마무리 사랑 노래는 여전히 세상을 선물하고 삶을 멋들어지게 한다. 오늘도 지극한 기도가 나의 삶 속에 있음을 고백하며 하루를 캔버스에 옮겨 봅니다.

고운 빛깔로….

우리 꼬맹이들

아이들과 마주한다.
눈을 맞추고
손을 보듬고
귀를 크게 열고
가슴을 따뜻하게 내어준다.

쌀쌀쟁이가 다가온다.
새침떼기가 웃는다.

아이들과 나누는 하루는 꿀단지 ㅎㅎㅎ

PART 3

톡톡 두드리며 보내요

눈송이에 놀란

어여쁜 자태 뽐내려 곱게 단장하고
뾰족이 기다린 산수유 노란꽃 몽우리.
펑펑 솜방울 눈송이에 화들짝 놀라
눈감아 버린 2월의 꽃꼬투리.
그래도 눈부신 한낮 햇살은
문 두드려 봄 인사 손 흔들고
아른한 꽃봉투 전합니다.

- 다가오는 봄날
  우린 또 어떤 노래를 부를까나요?

목소리 곱게 가다듬어 새싹의 꿈노래를
당신 귓가에 전해볼까나요!

2月

저만치 와있는 봄의 두드림을
살짜쿵
귀 기울여 보는 2월의 첫날

날마다
사뿐 조심스레
새싹 파티를 준비하겠지요
2월은!

에이는 듯
겨울이 창문 닫아도
2월은 창문 열어
봄나들이 마중하겠지요

우리도
부지런히 창문 닦아 놓아야겠습니다.

2월은
그렇게 바쁠 거예요.

3月

그대가 오리라는 전갈에 가슴 뛰던
어느 날
그대가 가져올 따뜻한 선물에
들뜨며 춥던 어느 날.
문득 그대 만나는 날.
그리움으로 단장한 나는
한껏 이쁜 사랑으로 그대를 맞으렵니다.
벗은 나무 새싹으로 연지 찍고
낙엽 떨구던 가지는 초록 머플러 두르고
3月 그대는 꿈처럼 다가왔어요.
이제 다하지 못한 이야기는
4月에게 남겨두고 그대 떠나시나요?
살포시 손잡고 다시 오신다는 언약에
그대를 이별합니다.

풋사랑 연인처럼

노란 산수유 첫인사 나들이하고,
흐드러지는 개나리
세상을 노랗게 물들이고,
시샘하듯 진달래
산모퉁이에서 호젓이
이야기 건네고,

생각만으로도 3월의 초대장은
희망이고 사랑으로 가득합니다.
떨리는 손끝으로
봄의 꽃봉투 열어보렵니다.
연둣빛 안개 피어나는
버드나무 아래서…

3월은
그렇게 풋사랑 연인처럼
내게 뛰어옵니다.

5月

눈부신 햇살
고향을 향하고
달콤한 어머니 품으로 달음질치는 계절
'사랑한다' 하면서 늘 부족한 마음
되돌려 서로에게 선물하는 5월
더 평안한 5월의 기도가
곁을 지키는 가족들 숨결로 벅차오르고
우리는 사랑한다는 약속을 확인합니다.
동그라미 위에 가족의 눈·코·입
그려보는 5월
더 많이
더 깊게
사랑을 해야 하렵니다.

비껴가는 5月의 단상

가고 오고
떠나고 만나고

더불어 어우러지고
내가 너인 양
네가 나인 양!
우리가 언제 하나이더냐!
늘 가는 길은 평행선
마주하는 눈길도 머~언 수평선
안타까운 인연이 세월 같아서
4월이 떠나가니
어느새 5월이 틈새를 비집었구나.
버릇처럼 비껴가는
우리 만남은 아픔이었던 것을….

유월

붉고 하이얀 카네이션에 희생을 그려 가슴 적시고
알록달록 풍선에 소복한 꿈을 담아 하늘 날리던
5월의 찬란한 노래는
이제 추억으로 접어 앨범에 넣어두는
초록의 시간입니다.
어느새 시간의 한가운데로 걸음을 옮겨놓고
시간 놀음을 찾아나서는 우리.
여기저기 당신의 눈웃음에 대꾸하며
삶의 조각보 이어가는 나는,
여전히 서툰 바느질입니다.
초록의 계절
당신의 손잡고
쏜살같은 시간을 붙잡고
너스레 떨며
반짓고리 색실 준비하는 여유도
부려보고 싶어요.

서운한 고백

빨강 노랑 하양
꽃 잔치 안녕하고
청록의 계절

어제인 듯
내일의 세월이,
나인 듯
당신으로 다가서는,
그리움이 물결치 듯
퍼져가는 시간 이야기가
이제는
차라리 서운한 마음의 고백입니다.
그래도 우리는
다시 오는 계절의 노래를 즐겨야겠습니다.
시간이 주는 변화와
세월이 주는 또 다른 이야기를 엮어야겠습니다.

여름

맴맴 메~엠 맴……
창문 밖 나무 위 콘서트는
밤새 라이브로 계속되고
열기를 토해내는 밤.
- 언제나 가려나
  이 뜨거운 여름이…
그래도 어느 날
머문 듯 떠난 듯
이별을 내던지고 떠날 것을…
거친 숨, 펄펄 뛰는 여름을
내몰 듯 떠나보낸 도시의 한가로운 거리는
또 다른 이들의 휴식으로 헐렁하다.
뜨거운 열정을 노트에 적으며 pen을 놓을 때
우리는 또 새로운 만남으로 추억하리라.
'여름'

가을 Canvas

어디에 숨었다 나타난 게지?
이 바람은…
머물러 태울 듯 뜨겁던 열기는 어디 숨어
불을 뿜어내고 있는지?
우리는
9월이라는 숫자에 단풍을 그리고
주황의 옷을 걸쳐봅니다.
계절은 늘 하얀 캔버스이고
아름다운 색色을 선물합니다.
다시 붓질을 시작해 보렵니다.
가을 캔버스 위에
- 이 고마운 선물을 두 손으로 받쳐
  당신께 보내렵니다.

시월에

또 한 장의 숫자를 찢어냅니다.
언제인가?
후딱 30개의 숫자를 떨궈냈나 봅니다.
숫자는 계절로 익어가고
우리네 가슴은 못다 한 꿈을
동그랗게 뭉쳐냅니다.
자꾸만 둥글려도 부서졌다 커졌다
고만한 동그란 꿈을…
그래도
깊어가는 시간,
울긋불긋 단풍의 물감 입혀가며
한 개 한 개 숫자를 지워가며
이야기를 뭉쳐야겠습니다.
찢어내고 찢어낼 숫자 위에
동그란 꿈을 가득 뭉쳐야겠습니다.

- 시월에

이별

서두르며 여름을 보낸 가을은
등을 떠밀 듯 시간을 재촉하고
어느새
키다리 은행잎은 노릇한 옷을 갈아입고
떠날 준비하고 있네요.
아마도
깊어진 가을잔치에 우린
화려한 나들이 분주하고
속앓이 나뭇잎은 모두를 내어주며
떠나겠지요.
또 다른
소망의 열매를 마련키 위해
아름다운 이별을 하는 시월.
한 소큼 낙엽을 주워
나의 이야기와 함께 질그릇에
담아두어야 할까요!

11月

시월의 어느 멋진 날
당신의 사랑 기쁨으로 노래했는데
이제
시월의 마지막 밤을 기다림으로 떠나보내요.
시간의 널뛰기가 어찌나 큰지
숨 가빠 허덕이고
나는 차가운 11월의 단상을 찾아 나섭니다.
낙엽 떨군 나무 아래
두툼한 머플러 두르고
따뜻한 차 한 잔의
당신 사랑을 마십니다.

12月

언제나 마지막은
또 다른 기다림을 손짓하지요.
오늘이 지나면 새로운 하루의 태양이 눈부시고
우리의 가슴은 하늘이고 바다입니다.
혹여 부서지는 꿈의 조각일지라도
우리의 환희는 차오를 것이니
가슴을 폅니다.
걸음을 뗍니다.
마지막은 또 다른 시작이고 발돋음입니다.
- 다시 꾸며보아야겠습니다.
마지막 한 page의 시간을.

12月의 마지막 날

연둣빛 안개에 쌓인 나무 보며 새날을 읊었고,
어느새 짙어진 푸른 녹음에 불끈 삶을 호통치고,
너무 아름다워서 소리조차 숨죽였던
가을, 단풍.
이제 파랗게 얼어버린 낮달의 나들이를 보며
남겨진 시간의 계절을 삼킨다.
그렇게 사계절,
고운 빛 편지를 썼는데
툭 떨구는 한 장의 달력이
소리 없이 '안녕' 이라고 말합니다.
걷기도 하고 달음질쳐 보기도 하고
고통으로 서러워 흐느끼기도 하고
두 손 아프게 바닥 치며 웃기도 하고,
'그래! 그런 게 인생이라고…'
여기 서서 나는 또 연필을 깎아 봅니다.
쓰고 또 쓰고 지워야 할 부족한 사랑!
사랑만이 가슴을 뜨겁게 열 수 있음을…
두 손에 그득 담겨진 새 날의 하루하루는
겸손한 사랑을 엮는 놀이터가 되리라고
부끄럽게 약속해 봅니다.

바삐

정들었던 겨울을 떠나 보내며
당신께 눈인사 보냅니다.
모아둔 그리움의 편지,
부르지 못한 사랑의 노래도 함께 꼬옥 되짚어,
바삐 보내야 하겠습니다.
늘 머물러 있는
당신이길 바라면서
나는 서둘러 창문을 꼬옥 닫습니다.

꼬맹이들 떠난 후

소란했던 날들이 한순간
적막의 공간으로 변하고
우리의 마음도 끝없는 지평선 끝 점처럼
소리 없이 고요하다.
창 밖 푸른 숲 사이
한적한 계단에 도란거리는 정겨움이
미소 짓게 하는 오후.
조금씩 열어가는 그리움을
살랑 부는 바람에 흩뿌리면서
우리의 이야기는 단편이다.
여기저기 얼룩져진 지난 시간의
눈 맞춤이 추억으로 남아
메모로 적히고
우리 그리운 시간은 다시 쓰여지고 있다.
나뭇잎 살랑살랑
오후의 뜰이 한가롭다.

PART 4

꽃의 환희

빛의 축제절

어두운 세상에 빛으로 나타나신 주님.
주현절기主顯節氣를 상징하는 도형은 5각형의 별, 인류를 그리스도께 인도한다는 의미를 갖는다 한다.
별님의 밝은 빛, 내 가슴에 스며들도록 간절히 두 손 모으며 송이마다
당신이 오신 기쁨을 담아드립니다.
별을 따라 먼 길 걸어 당신을 만난 동방박사처럼 우리도 피곤한 삶의
여정 속에서 당신 만나고, 사랑의 기쁨 듬뿍 나누는 찬란한 시간이었음
합니다.

곧은 신앙심으로 하이얀 순결의 모습으로…
피어나는 사랑의 기쁨은 몹시도 찬란하리라.
오직 그곳만 바라보며 가겠습니다.
그리도 깨끗한 모습으로 달려가겠습니다.

붉은 태양의 모습이 얼마나 얄미웠는지, 아님 차마 떠나지 못하는 서러움이었는지 하얀 달이 아침 하늘에 걸려있었어요.
어! 서쪽에 해 떴네. @#$%^&*

그대로

많은 이야기가 두런두런 엮어져 삶의 노트가 쓰여지는 것을….
이름이 다른, 모양이 다른, 새삼스러운 꽃의 얼굴을 보며 지나온 시간이다.
어쩌면 저마다 다른 기도의 헌화獻花가 나의 기도와 어우러져 또 다른 바람을 간절히 토해낸다.
끊임없이 새롭게 다가오는 주님의 계절은 늘 어려운 숙제로 이어져 꽤나 힘들었었는데….
그저 모든 교인이 기쁘고, 그대로의 꽃 이야기로 들어주었으면….
그렇게 나의 기도는 송이마다 담겨진다.

이리도 고운 날에

창가로 들어오는 바람은 몹시도 상쾌하고….
'어찌 저리도 고울까?'
들려오는 음반의 피아노 소리는 손 끝의 붓놀림조차 춤을 추게 한다.
탁자에 놓여 있는 것만으로도 푸근한 차 한 잔!!
노오란 치즈가 엿보이는 아삭한 비스킷 한 조각!
진하디 진한 붉은 바탕의 물감은 다시금 절절한 그분의 핏빛 사랑을
되새김하게 하고….
우린 그렇게 또 다른 사랑의 붉은 십자가를 세웁니다.

이렇게 아름다운 시간을 알게 하시다니
이렇듯 담백한 사랑을 알게 하시다니
순간마다 겸손한 믿음으로 채우시다니….

오늘도 당신께 모은 두 손은 오로지 감사뿐인 것을 고백합니다.

불꽃 사랑

뜨거운 불꽃의 기도가 혼자만의 것이 아니길…!
어떤 것에도 닫힌 마음 열리게 하는 화해이길 바랍니다.
거듭 부르고 마냥 생각해도 가슴 뛰는 당신의 사랑을 다시금 고백 합니다.
언제나 방황이 적지 않음을 아시는 당신께 또 다른 어리석음으로 투정했습니다.
— 비로소 작아지는 시간입니다.

붉은 댑사리는 평화의 불꽃으로 다가오고
짙은 향기 빨간 꽃잎은 사랑의 합창을 들려줍니다.
초록 잎새는 어우러져 싱그러운 노래로 사랑의 어깨동무하네요.
끌 수 없는 황홀한 그분의 불꽃 사랑입니다.

장미

오월의 마지막 날이었네요.
화려한 봄날이 초록의 행복을 창 너머로 선물하고 떠났네요.
짙은 향기를 한껏 품어낸 봄날의 장미는 몹시도 도도했는데….
핏빛 장미, 노오란 레몬, 빠알간 듯 부드러운 다홍색, 새악시 입술 닮은 진홍 장미, 귀부인 머플러인 듯 흘러내리는 아이보리 꽃잎, 너무 희어 도리어 파란 얼굴의 장미, 살풋한 꽃은 가시 훑기도 미안했고,
보랏빛 물감을 엎은 야릇한 색깔의 장미는 자꾸만 뒤돌아보게 한 씁쓸한 코미디, 곧은 가지 키 다듬어 한 가지 자리에 앉히고 '은은한 이야기, 순한 향기로 사랑을 일구어 주렴' 부탁했네요.
이렇듯 장미꽃 오월을 지나간 추억으로 넘기는 시간….
다시 만나는 장미의 계절은 어떤 모습일까? 노트를 넘깁니다.

내 모습도 같이

지난 주週 기억해 둔 헌화하신 분의 기도와 절기를 다시금 되새기며 4B 연필 준비, 도화지도 같이….
목요일 밤, 그리고 지우고, 다시 그리고, 어느새 두세 시.
예쁘고 새로운 꽃 찾아봐야지! 그래서 더 많은 것 담아야지.
"주님, 오늘도 저 왔어요"
꽃 한 뭉치 들고 드리고 싶은 이야기 가득 마음에 안고…
"기다리셨죠?"
꾸벅
배꼽인사 드리고 두 손 모아
기도 드리고 '어서 시작해야지' @#$%
금요일 오후 주님은 제 차지인 듯 나는 신나는 아이입니다.
어쩌면 쪼끄만 제 가슴에 이렇게 큼직한 사랑을 꾹꾹 누르시는지….
"그냥 다 드리고 싶은 맘 아시죠? 주님"
처음 시작하면서 기도를 드렸습니다.

"아무도 저를 모르면 좋겠어요. 꽃 뒤에 꼭꼭 숨어 일하고 싶어요. 지금도 그렇고요. 글쎄요? 그냥 누군지 누가 꽂았는지 모르면 좋겠어요…."
어디를 보아도 좋고 아름다운 것 투성이인데 그걸 보고 알게 하시고 느끼게 하시는 은총만 저의 것입니다.
두 손으로 얼굴 가리고 작은 가슴 보듬고 한걸음 다시 내딛습니다……….
오늘도 멋진 하루였어요.

어우러지는

송이마다 기쁨이 맺히고 꽃잎마다 사랑이 머물고 가지마다 웃음이 차오르는 듯…. 꽃 이야기는 조심스러운 기도입니다.
꺽어진 풀가지는 우리의 어지러운 삶을, 그러나 굳게 중심에 있는 그분을 '죽순나무'의 버팀으로 나타냈어요.
언제나 생명의 노래는 그곳에 있고, 우린 조심스레 침묵의 노래를 부릅니다. —평화의 기쁨을 누리게 하소서!!—
한 가지 한 송이 화기에 곁들이며 되뇌이는 기도는 힘겹습니다.
알맞은 구도, 잘 어울리는 색깔, 그리고 하나하나이면서 여럿인 꽃들, 제자리 넣어주며 자꾸만 묻습니다.
잘 어우러져 조화로운 꽃들이 되어졌는가? 진정한 그들의 자리인가?
나는 어우러져 하나를 이루며 여럿을 잘 만들고 있는가?
나이면서 우리….
자꾸만 작아지며 커지고 있는 나와 함께한 금요일이었습니다.

꽃의 기도

애틋한 기도
정성어린 손길로
아름다운 마음을 전해 주시고
같이 그분께 두 손 모을 수 있게 하신 여러분들!
그때마다 같이 웃어주시던 주님!!
고맙습니다.
성전 꽃꽂이
멋진 금요일.
어떤 절기인가!
무슨 기도인가!
다시 보고 또 보고…
'주님! 이런 기도인가 봐요
아마도 이런 마음의 헌화일 거예요
이렇게 꽃의 기도 드리고 싶어요'
그리고는 꽃들에게 이야기 들려줍니다.
날마다 부서지는 나의 이야기를.
예쁜, 소망의 언어
간절히 두 손에 담고
못난 부끄러움마저
그분께 드리는 나는
오늘도 살아있음에
절실한 기도를
손끝에 놓여진 꽃들에게 들려줍니다.
- 삶입니다.
- 생명입니다.
- 사랑입니다.

예쁜 색
고운 모습
꽃들은 나의 소망을 담아
그 님께 드립니다.
주님이 지으신
세상의 아름다운 것들 모두 함께
은총의 삶으로 일구어 이야기를 엮어내고
나는 한 모퉁이 톡 떼어내
꽃들에게 담습니다.
- 님이여!
- 오늘도 살아서 기도 합니다.
사랑의 비 듬뿍 내려주세요….

한껏 웃으시는 님의 모습
그곳에 같이 하고 있었습니다.

참 많이
꽃에게 이야기하며
들리지 않는 침묵의 기도를
담아내었던 금요일
나의 티끌도
간절한 기도임을 알게 하신 님.
모두가
날마다 피어나는 사랑의 진한 빛깔입니다.

우리 딸

만남의 설레임으로 하루를 세어본다.
차곡차곡 쌓아둔 그리움의 페이지를 넘기며
언젠가 들려주려 모아놓은 이야기도
주섬주섬 꺼내본다.
쉬임 없이 그리워하고,
날마다 느끼고 싶은 아쉬움으로,
시간을 전해준다.
온통 사랑 투성이
몽땅 우리 삶인 딸.
보내지도 아니 하고
만나지도 아니 하는
날마다 먹먹한 가슴으로
안부하고 위로하는
딸의 삶 한 모퉁이에
우리는
사랑의 눈물을 떨구어 얼룩을 만든다.
- 하늘 저만치
너의 축복을 기도하며.

고마워요! 꽃언니